Edésio T. Santana

BULLYING & CYBERBULLYING

AGRESSÕES PRESENCIAIS e a DISTÂNCIA

O que os educadores e os pais devem saber

3ª Edição

CIP-BRASIL. CATALOGAÇÃO-NA-FONTE
SINDICATO NACIONAL DOS EDITORES DE LIVROS, RJ

S223b

Santana, Edésio T.
  Bullying & cyberbullying : agressões presenciais e a distância : o que os educadores e os pais devem saber / Edésio T. Santana. – São Paulo: EDICON, 2018.
  96 p. : 14 x 21 cm

  Inclui bibliografia
  Índice
  ISBN 978-85-290-0815-8

  1. Assédio. 2. Assédio nas escolas. I. Título.

11-1658.   CDD: 371.58
                          CDU: 37.064

24.03.11   25.03.11   025341

Editora e Consultoria Ltda
rua herculano de freitas, 181
01308-020 – são paulo – sp
edicon@edicon.com.br
www.edicon.com.br
telfax: 3255-1002/3255-9822

A minha família: meus filhos Alexandre (*in memoriam*), Marcelo, Simone e Caio; à Hilda, mãe do Alexandre, do Marcelo e da Simone; e à Eliana, mãe do Caio.

A duas outras pessoas de grande importância na minha vida profissional: Prof. Paulo Freire (*in memoriam*) com quem muito aprendi como educador e Valentina Ljubtschenko com quem tenho aprendido como autor.

A todos que estão empenhados ou que pretendem empenhar-se em propostas *antibullying/anticyberbullying*, a fim de trazer luz às trevas em que vivem as pessoas maltratadas.

Abraços!

Edésio

Sumário

Introdução 9

PARTE A

BULLYING: Agressões presenciais 11

Capítulo I   Conceituação 13
Capítulo II   *Bullying*: Tipos/Personagens 19
Capítulo III Localização 27
Capítulo IV   Causas 31
Capítulo V   Consequências 35
Capítulo VI   Estratégias: Prevenção e Intervenção 41

PARTE B

CYBERBULLYING: Agressões a distância 63

Capítulo I   Conceituação 65
Capítulo II   *Cyberbullying*/Tipos/Personagens 71
Capítulo III Localização 73
Capítulo IV   Causas 75
Capítulo V   Consequências 77
Capítulo VI   Estratégias: Prevenção e Intervenção 79

Conclusão 89

Sugestões de filmes, sites, música e livros
paradidáticos para trabalhar com os alunos 91

Bibliografia 93

Introdução

A violência tem sido diversificada e aumentada de forma estarrecedora no mundo todo. A falta de amor, de sensibilidade, de ética, de exercício da cidadania; enfim, o desrespeito e a falta do desejo de querer para os outros o que queremos para nós, têm sido causas maiores para a ausência da paz.

Preocupados com isso, apresentamos a obra *Bullying & Cyberbullying* que é um convite à reflexão e a um olhar panorâmico sobre a sociedade como um todo, e, principalmente, sobre o segmento escola.

Neste trabalho, procuramos elucidar os fenômenos *bullying/cyberbullying*, conceituando; trazendo os tipos de ações e de personagens; onde ocorre; suas causas e consequências; bem como estratégias para prevenção e intervenção de educadores e pais, com o objetivo de reduzir e até erradicar esse tipo de violência.

Não temos a pretensão de apresentar fórmulas para a solução desse grave problema, mas queremos conscientizar todos, principalmente educadores e pais; apresentando caminhos pelos quais podemos seguir, contribuindo individual e/ou coletivamente para o fim dessa pandemia silenciosa.

PARTE A

BULLYING:
Agressões presenciais

Bons educadores informam e preparam para o trabalho. Educadores excelentes formam e preparam para a vida.

Capítulo I
Conceituação

Vamos iniciar nosso diálogo perguntando sobre três pessoas consideradas públicas, que são celebridades do futebol.

Você conhece o Alexandre Rodrigues da Silva, o Paulo Henrique Chagas de Lima e a Miraildes Maciel Mota? Pode ser que você os conheça, mas, com certeza, com esses nomes, a maioria das pessoas não sabe quem são.

E se tivéssemos dito: Você conhece o *pato*, o *ganso* e a *formiga*? Aí!, sim. É muito provável que responderiam:

Dois jogadores da Seleção Brasileira de Futebol Masculino e uma jogadora da Seleção Brasileira de Futebol Feminino.

Além desses atletas citados, há outros apelidados, e, aqui vamos citar o *dentinho*, outro famoso jogador de futebol, cujo apelido refere-se a uma característica física.

Ao sair do anonimato para o estrelato, alguém propôs chamá-lo pelo nome de registro, Bruno, mas ele não aceitou, preferindo continuar sendo o *dentinho*.

Mas... chamar uma pessoa por apelido que seja nome de animal ou alguma referência a característica física, não é *bullying*?

Depende! É preciso considerar uma série de circunstâncias. A intenção de quem assim chama é agredir, zoar, menosprezar, causar sofrimento? Isso é feito repetidas vezes?

E quem assim é tratado sente-se vítima? Sofre por isso? No caso dos atletas citados, eles aceitam que os apelidos sejam escritos nas camisas com as quais jogam e assim assinam quando dão autógrafos.

Vejamos a história a seguir, adaptada da realidade, escrita com a troca do nome do verdadeiro personagem:

"Caio, treze anos de idade, estudava no ensino fundamental e, por motivo de força maior, ausentou-se das aulas por um mês. Quando retornou, notou que havia um novo colega na turma. Era um menino baixinho, de pernas curtas e tortas.

Caio, cujo pai era educador e trabalhava com projetos *antibullying*, ao ver os demais alunos chamando aquele menino de tatu, lembrou-se dos ensinamentos de casa, foi ao garoto novato e disse:

– Oi! Como é seu nome?

– *Tatu*! O menino respondeu.

Surpreso, Caio falou:

– Não! Estou perguntando o seu nome, para quando eu quiser lhe chamar.

– *Tatu*! O garoto insistiu. Pode me chamar de *tatu*.

Caio passou a chamá-lo de *tatu*, sem qualquer constrangimento".

Nos exemplos dados e na história citada, não há uso de apelidos com fins de constrangimentos, tampouco causam sofrimentos às pessoas apelidadas que, sequer podem ser tidas como vítimas. Portanto, não é *bullying*, como também não o é: ato de violência pontual, brigas ocasionais, brincadeiras de mau gosto, brincadeiras próprias da idade, brincadeiras sem intenção de magoar, insulto ocasional e troca de ofensas no calor de uma discussão.

Se houve uma briga na escola ou nas suas proximidades por quaisquer desentendimentos entre alunos, não fica caracterizado o *bullying*. O próprio trote universitário violento, que muitas vezes são estimulados por veteranos que foram *bullies* quando estudavam no Ensino Fundamental e/ou Ensino Médio, também não é *bullying*, embora seja um tipo de violência e mereça a prevenção e o combate.

Vamos a outra história, adaptada da realidade, escrita com um nome de personagem fictício.

"Márcia era uma menina aparentemente feliz. Seus pais eram divorciados e ela morava com a mãe, a avó e o tio; cercada de muito conforto material e de bastante carinho. Seu pai, embora não estivesse com ela diariamente, visitava-a com regularidade e dava-lhe muita atenção e amor.

Com seis anos de idade, Márcia estudava em uma Escola de Educação Infantil, onde foi apelidada de *formiga*.

Uma menina mais alta e mais forte, convenceu outros coleguinhas, meninos e meninas, que passaram a chamá-la de *formiga*, frequentemente, em tom pejorativo, com a intenção de magoá-la.

Não satisfeitos com o que faziam, passaram a hostilizá-la de outras formas também: chutavam sua maleta quando ela se encontrava no chão da sala de aula; tiravam seus lápis do estojo e quebravam as pontas, sem ela ver; empurravam-na quando estavam na fila de entrada, do recreio e de saída;

jogavam-lhe caroços de laranja na hora do recreio; jogavam areia nela quando iam brincar no tanque de areia e ninguém a escolhia para brincadeiras em grupo. Márcia era, verdadeiramente, excluída. Se alguém demonstrasse vontade de escolhê-la para as brincadeiras, era, em seguida, ameaçado pela menina alta e forte e por suas amigas.

Uma vez houve uma festa na sala de aula e todos, daquela classe, foram dispensados da obrigatoriedade de usar uniformes. As meninas combinaram que viriam, todas, de vestido cor de rosa, porém não avisaram a Márcia. Assim o fizeram. Na confraternização só a Márcia estava de roupa de cor diferente. Até alguns daqueles que costumeiramente não a hostilizava, perceberam e gostaram do que aconteceu.

No aniversário da agressora, sua família resolveu promover uma festa em um bufê. A menina "líder", aniversariante, entregou convite para a professora e para todos os colegas da sala de aula, exceto a Márcia.

Naquele dia, Márcia não suportou mais seu próprio silêncio e chegou em casa chorando. Contou tudo o que faziam com ela e disse que não queria mais ir para aquela escola.

Numa conversa com sua mãe, sua avó e seu tio, Márcia disse que se sentia culpada também pelo que estava acontecendo, sentia-se merecedora do apelido de *formiga*, pois havia observado bem seu rosto no espelho e em uma foto e achava que, realmente, tinha o formato do rosto parecido com a "carinha" de uma formiga.

Sua mãe, diante da situação, esperou o encerramento do ano letivo e transferiu a filha para outra escola".

E aí? Isso é *bullying*?
Sim! É *bullying*! Há agentes, vítimas e espectadores. O apelido é pejorativo, há agressões intencionais e repetitivas e não há motivo para a Márcia ser perseguida.

Como conclusão do que vimos até aqui, podemos conceituar o *bullying*:

"*Bullying* **é um conjunto de ações agressivas, intencionais e repetitivas; praticadas por alguém contra uma ou mais pessoas, sem motivação aparente, causando sofrimento**".

A palavra *bullying*, da língua inglesa, é relacionada ao substantivo *bully*, que significa neste contexto, agressor; e ao verbo *to bully*, que significa maltratar alguém, principalmente quem é mais fraco. Em português, a palavra que mais se aproxima dessas é o verbo "bulir", que significa aborrecer, incomodar. Portanto, em não havendo uma tradução precisa, o termo *bullying* será usado no Brasil, como está sendo em quase todos os outros países preocupados com esse tipo de violência.

Esse fenômeno, que pode ser classificado em três tipos, é repleto de ações. No próximo capítulo, trataremos dos tipos de *bullying* e dos seus personagens.

Capítulo II
Bullying: Tipos/Personagens

BULLYING

TIPOS DE BULLYING

1 – VERBAL – ações:
- apelidar (nome ofensivo)
- cochichar (a respeito da vítima)
- discriminar
- fazer comentários (racistas, homofóbicos)
- intimidar
- provocar (repetidas vezes)
- zoar
- xingar

2 – FÍSICO – ações:
- bater, beliscar
- colocar a vítima no armário
- colocar a cabeça da vítima no vaso sanitário
- chutar, cuspir
- danificar material, dar cuecão
- empurrar
- tomar pertences

3 – SOCIAL – *ações:*

- colocar amigos da vítima contra a mesma
- constranger, espalhar rumores maliciosos
- fofocar, isolar do grupo
- pichar com dizeres maldosos
- praticar o *Cyberbullying (Bullying* eletrônico)

PERSONAGENS

1 – AGENTE (agressor)

2 – VÍTIMA (paciente)

3 – ESPECTADOR (plateia, testemunha)

O agente, *bully*, agressor; é o "valentão", o "chefão", o "líder". Maltrata, é autoritário e pode ter estes perfis: "durão", "corajoso", briguento, ameaçador, cruel, tirano, intimidador, malvado, anti-social, mau-caráter, impulsivo, covarde, prepotente, arrogante, desleal, preconceituoso, potencialmente mais forte que a vítima; com baixa resistência às frustrações e com mau comportamento na escola.

O *bully*, geralmente, é fisicamente mais forte que a vítima, tem um temperamento irritadiço, procura dominar e subjugar a vítima por repetidos assédios psicológicos e/ou pela força física. Age sozinho ou acompanhado e, quando tem apoio de colegas, sente-se mais forte e procura dominar um território mais amplo e produzir mais vítimas.

O agressor pode apresentar sinais de alerta para os pais. Dentre eles:
- Adora ser vencedor, detesta ser perdedor. Quando vence, é exibido.
- Sente-se poderoso e quer sempre estar no controle da situação.
- Procura ser dominador com relação a outras pessoas.
- Irrita-se com facilidade e tem dificuldade para tolerar a frustação.
- Parece sentir prazer com o sofrimento alheio.
- Parece determinado a abusar dos outros, para conseguir seus objetivos.
- Culpa os outros pelos seus problemas.
- . Recusa-se a aceitar responsabilidade por seus atos negativos.
- Usa a mentira a fim de livrar-se dos problemas.
- Ignora e/ou desrespeita o regimento escolar.
- Desafia adultos e gosta de fazer oposição a eles.
- Conquista ou impõe-se sobre amigos, seguidores e/ou comandados, que fazem o que ele deseja, mesmo sendo coisa errada.

TIPOS DE AGENTES

1 – AGRESSIVO

- destemido
- explosivo
- fisicamente mais forte

2 – *PASSIVO*

- baixa autoestima
- infeliz
- inseguro

3 – *VÍTIMA*

- ex-vítima de agressão
- fisicamente fraca
- mais forte que sua vítima

A vítima ou paciente, bode expiatório, que é maltratada pelo agressor, geralmente, tem pouca habilidade para socialização, e, na maioria das vezes, é frágil. A pessoa pode ser "escolhida" pelo *bully*, também por ter alguma característica física diferenciada.

TIPOS DE VÍTIMAS

1 – **TÍPICA OU PASSIVA** – Pode ser considerada "diferente" pelos *bullies* no tocante a aspectos psicológicos, intelectuais e/ou físicos. Por ser pouco sociável, insegura, tímida e de baixa autoestima; por ter dificuldade na aprendizagem ou por ser muito estudiosa e obter notas altas, quando chamam-na de *nerd*; ou ainda por ter aparência física diferenciada dos padrões de beleza "estabelecidos" pela sociedade, principalmente pela mídia. Vestir-se diferente, não ter habilidades em esportes, possuir sotaque diferente, ser gaga, falar fino (menino), falar grosso (menina), ser estrangeira, ser negra, aparentar homossexualidade, ser obesa ou muito magra, muito alta ou muito baixa, ter nariz, orelha

ou cabeça com tamanho maior ou menor em comparação com as outras pessoas da turma, usar óculos ou, por outros aspectos quaisquer que estejam fora dos padrões de beleza considerados pelo agressor como "normais"; qualquer uma dessas características, na visão do agente, é motivo para a prática de *bullying*.

Quando se trata de *bullying* contra educador, se a vítima for idosa é, também, "motivo" para ações dos agressores.

2 – PROVOCADORA – Comporta-se de forma a atrair reações agressivas.

Pode ser geniosa e tentar revidar às agressões, sem, contudo, ser eficaz no revide.

3 – SILENCIOSA – Sofre em silêncio, não ousando fazer qualquer tipo de denúncia, mesmo para os pais, pois é ameaçada pelo agressor e sente medo de represália.

4 – AGRESSORA – É uma pessoa que ao sofrer ações de *bullying*, reage, voltando-se contra outra vítima do fenômeno, tendo, para isso, de juntar-se a um agressor.

5 – VINGATIVA – Age sozinha ou acompanhada, procurando vingar-se, chegando, em alguns casos, a ser agente de verdadeiras tragédias.

6 – PERPÉTUA – Sofre agressões permanentes, ao longo da vida, com possibilidade até de desenvolver uma mentalidade de vítima ou, mesmo tendo cessado as agressões, continua magoada e não esquece o sofrimento pelo qual passara.

7 – VENCEDORA – Busca a possibilidade de alcançar grande sucesso e luta de forma limpa, ética, para conseguir a chamada "volta por cima", o que consegue com muito esforço, alcançando posição social de destaque.

Como vítimas vencedoras, eis alguns casos de pessoas, ex-vítimas, agora celebridades. Algumas delas, hoje, até colaboram em programas *antibullying*. Ei-las:

BILL CLINTON – Ex-Presidente dos Estados Unidos da América do Norte.

Sofreu *bullying* escolar porque era obeso, desengonçado, usava roupas fora de moda e não era popular junto às garotas da escola.

DAVID BECKHAM – Famoso jogador de futebol britânico.

Foi hostilizado por colegas quando garoto porque se dedicava totalmente ao futebol e às preparações para vir a ser um astro da bola. Recusava-se a beber e a sair à noite com os colegas, que diziam que o que ele fazia era coisa de "mulherzinha".

Beckham participa de movimentos sociais e de uma campanha *antibullying* denominada *Beat Bullying* (Derrota ao *Bullying*), tendo feito a seguinte declaração: "O *bullying* é algo que todos nós temos responsabilidade de erradicar".

GUILHERME BERENGUER – Famoso ator brasileiro.

Foi vítima de *bullying*, segundo ele mesmo, na infância e pré-adolescência, porque era gordinho. Era chamado, pelos colegas de *botijão de gás*, de *baleia orca assassina* e de *bolo fofo*.

Em sua casa, sua mãe o tratava de forma diferente, sempre falando que ele era muito querido, amado, bonito, saudável e feliz; o que o ajudava muito a suportar a perseguição que sofria.

Guilherme decidiu emagrecer, colocando como fator importante para isso, a prática de esportes.

Em 2010, contribuiu de forma importante para conscientização das pessoas sobre o *bullying*, quando ofereceu-se para participar de um programa de televisão e deu o seu depoimento.

KATE WINSLET – Famosa atriz britânica, estrela do filme "O Leitor" em 2008, foi vencedora do Oscar de melhor atriz em 2009.

Kate foi vítima de *bullying* na escola, por ser gordinha, segundo ela mesma.

MADONNA – Cantora, atriz, compositora, dançarina, escritora e produtora.

Sofreu *bullying* durante o período escolar, na década de 70, segundo ela, por ser diferente dos colegas que a consideravam estranha e inadequada. Isso porque, declarou a própria Madonna: "Eu não era *hippie* ou fã dos *Rolling Stones*, então acabei me tornando esquisita."

JULIAN CARRY – Comediante e escritor britânico desabafou com estas palavras: "O *bullying* era tão odioso e sem trégua que demos o troco nos transformando em celebridades."

Concluído o tópico relativo às vítimas, trataremos do item espectadores.

O espectador, testemunha, também chamado de plateia, é aquele que assiste às ações dos agressores e ao sofrimento das vítimas.

TIPOS DE ESPECTADORES

1 – **PASSIVO** – Fica em silêncio, mesmo não concordando com as ações dos agressores, temendo ser a próxima vítima.

2 – **NEUTRO** – Fica emocionalmente "anestesiado", como se nada sentisse.

3 – **ATIVO** – Dá risadas e incentiva o agressor, numa situação de *bullying*. Embora não participe diretamente da ação, participa com o estímulo.

4 – **AGENTE** – Faz algo em prol do fim do *bullying*. Aconselha ou repreende o agressor, orienta a vítima para denunciar ou mesmo denuncia de forma nominal ou anônima.

É muito importante que saibamos diferenciar um conflito comum, de *bullying*. Conflitos fazem parte da vida e não devem ferir, podendo até ser útil aos nossos filhos, se bem orientados, para fazê-lo aprender lidar, de forma pacífica, com situações adversas e com isso, crescer como ser humano.

Em sendo constatado que o caso é *bullying*, educadores, pais e comunidade devem, após preparados para a intervenção, interferir diretamente, para fazer cessar as agressões, procurando ajudar vítima e agressor, para que a paz seja restaurada.

O próximo capítulo relacionará os locais onde ocorre o *bullying*, destacando a escola e onde esse fenômeno vem sendo tratado como algo merecedor de política pública e privada.

Capítulo III

Localização

O fenômeno *bullying*, considerado verdadeira pandemia, não tem lugar específico para ocorrer. Em havendo pessoas se relacionando, ele pode acontecer, inclusive se os relacionamentos forem virtuais, quando se faz presente com o nome de *cyberbullying*.

Aqui estão alguns locais:
- Asilos
- Condomínios
- Clubes
- Família
- Orfanato
- Trabalho
- Escola

Em se tratando de *bullying* escolar, os locais onde ocorre são:
- banheiro
- biblioteca
- corredores
- pátio
- play ground
- sala de aula

- sala de leitura
- imediações da escola
- caminho casa-escola e vice-versa

O *bullying* escolar é um fenômeno sem fronteira geográfica ou sócio-econômica, que pode acontecer dentro ou fora do estabelecimento de ensino. Surgiu com a própria escola, todavia passou a ser pesquisado somente a partir de 1970, na Noruega, pelo sueco, pioneiro, Dan Olweus.

Eis a trajetória da história da prevenção e do combate ao *bullying* escolar.

SUÉCIA, 1973 – Dan Olweus publicou os resultados dos seus estudos, cujo livro foi intitulado "Agression in the Schools: Bullies and Whipping Boys" (Agressão nas Escolas: *bullies* e "bodes expiatórios").

1990 – Parlamento aprovou leis *antibullying*.

ESTADOS UNIDOS DA AMÉRICA DO NORTE, 1978 – Dan Olweus reeditou o livro "Agression in the Schools: Bullies and Whipping Boys".

NORUEGA, 1990 – Parlamento aprovou leis *antibullying*.

1996 – Ministério da Educação criou o Programa Norueguês de Prevenção e controle ao *bullying* nas escolas.

INGLATERRA, 1991 – Vários projetos foram desenvolvidos: "Não sofra em silêncio", "De espectadores a solidários"; "A função de apoio por parte dos companheiros contra a intimidação na escola". Esses programas desenvolveram habilidades como respeito, elevação da autoestima e liderança.

HOLANDA, 1992 – Escolas desenvolveram estudos, após os quais a organização nacional de pais realizou uma campanha, visando garantir a segurança dos filhos na escola.

IRLANDA, 1993 – O Programa Educativo da Companhia de Teatro *Sticks and Stones*, usou o teatro na ajuda à conscientização sobre o fenômeno. Dan Olweus publicou o livro "Bullying at School " (*Bullying* na Escola).

BRASIL, 1997 – Surgiram pesquisas sobre *bullying* escolar.

2002 – No Rio de Janeiro, a Abrapia (Associação Brasileira de Proteção à Infância e Adolescência), patrocinada pela Petrobrás, aplicou o Programa de Redução do Comportamento Agressivo entre os estudantes.

2002 – Em São José do Rio Preto-SP, a Rede Pública de Ensino implantou o Programa Educar para a Paz, pioneiro no Brasil, elaborado pela Educadora e Pesquisadora Cleo Fante.

A partir daí, tendo como pioneira brasileira a Professora Cleo Fante, teve início uma série de palestras, seminários, congressos, publicações e leis tratando do assunto *bullying* e, depois, *cyberbullying*.

2010 – A ONG PLAN realizou pesquisas sobre *bullying* escolar no Brasil, obtendo resultados que ajudarão no direcionamento de ações futuras em projetos *antibullying*.

O próximo capítulo tratará das possíveis causas que determinam a existência do *bullying*.

Capítulo IV

Causas

Determinar com exatidão as causas do comportamento de um *bully* é algo muito complexo. Todavia, há estudos de antropólogos, filósofos, pedagogos e psicólogos que explicitam dados suficientes para conclusões lógicas. Vejamos observações feitas com bebês sobre influências físicas como preferências inatas:

Thomas Cash, psicólogo na *Old Dominon University*, em *Norfolk – VA, USA*, estudou, por mais de duas décadas, o efeito da aparência em observadores, afirmando que, ao se pegar fotos de dois rostos, um considerado mais atraente e outro menos atraente, pela maioria dos adultos, e, mostrá-los para bebês de três meses, estes ficavam olhando mais tempo para a foto do rosto considerado mais atraente. Aos doze meses, os bebês chegavam a demonstrar reações adversas e retraimento às fotos dos rostos considerados feios. A essa discriminação baseada na aparência física dá-se o nome de *lookism*.

A criança é um ser de muita sensibilidade, percepção e ótima memória; com o cérebro em desenvolvimento e capaz de registrar, com facilidade, eventos visuais e/ou auditivos. Canções de ninar ou cantigas de roda como: "Boi da cara preta", "Atirei o pau no gato", "O cravo brigou com a Rosa", "Nana nenê", "Marcha soldado" além de outras; como também frases do tipo das que serão citadas a seguir, podem criar nela sentimentos de medo, falta de amor e um conteúdo de violência. Eis as frases:

"Você precisa deixar de ser sem educação!"
"Desapareça daqui!"
"Você não ama seus pais!"
"Você tem tudo de mão beijada, eu nunca tive!"
"Desse jeito, quem vai querer ser seu amigo?"
"Sua turminha não lhe conhece!"
"Você não aprende nada de bom!"
"Assim você não vai ser feliz, nunca!"
"Por que você não é como o seu irmão?"
"Homem que é homem não chora!"
"Suma daqui ou eu lhe quebro a cara!"

Assim, como os bebês, os adolescentes e os adultos, em geral, podem ter preferências inatas, somadas aos padrões de beleza estabelecidos e divulgados pela mídia.

A inveja, o ressentimento, a necessidade de controlar e dominar, a preocupação exagerada com a autoimagem, são sentimentos que uma pessoa pode ter, quando em suas primeiras interações familiares sofreu maus-tratos e humilhações.

O fácil acesso da criança ou do adolescente às ferramentas dos meios de comunicação, bem como a sua exposição a cenas de violências apresentadas por programas de televisão, filmes e *video games*, o uso de brinquedos infantis que imitam armas, também podem ser estímulos para ações agressivas.

Como fatores causadores de *bullying*, podemos ainda citar as mudanças sociais, o apelo ao consumismo, a possibilidade cada vez maior de imigração e emigração, a dificuldade de integração étnica, a crescente desigualdade social, o preconceito de cor, de raça, de religião, a homofobia; enfim, a não aceitação do ser diferente. A alta competitividade nos mais diversos setores da vida humana, como no trabalho, na família, na escola; numa cultura onde ser o segundo colocado, ser o vice campeão em uma competição quase nada representa, a luta é sempre para ser o número um, o que fortalece a individualidade em detrimento do coletivo, podendo levar uma pessoa,que já tenha tendências à prática de *bullying*, tentar buscar, a qualquer custo, sua autoafirmação.

Somado às possíveis causas citadas, há outros aspectos evidenciados: exigência em demasia; uso de violência psicológica ou física de pais sobre filhos, para suas afirmações como autoridades; ausência de limites implicando a permissividade, possivelmente devido ao excesso de ternura; impunidade; ausência de exemplos positivos; presença de exemplos negativos; omissão no seio da família; além de débito de afetividade no convívio familiar.

Diante de tudo isso, é de fundamental importância que tenhamos consciência de que o fato de a percepção de beleza ser inata ou aprendida, não significa que não possamos controlar a interação com outras pessoas, tratando-as com igualdade e respeito, independentemente de serem diferentes em seus aspectos psicológicos, intelectuais e/ou físicos.

No próximo capítulo veremos os efeitos do *bullying* escolar.

Capítulo V
Consequências

O *bullying* escolar pode trazer consequências nocivas para o agressor, que é também uma vítima social; para a vítima e até para o espectador desse fenômeno; em nível intelectual, emocional e físico; indo além da escola, no tempo e no espaço.

Os problemas advindos desse tipo de violência podem até durar a vida toda e estar presentes na convivência social como nas relações de trabalho e o convívio na família, nesse caso tendo influência direta na criação e na educação dos filhos.

Agressor – possíveis consequências

- baixa autoestima
- comportamento agressivo incontrolável
- falta de confiança
- percepção do seu comportamento cruel
- sentimento de infrator da disciplina escolar
- destruição de bons relacionamentos
- problemas para conseguir emprego
- medo de punição escolar, familiar e/ou social

Vítima – possíveis consequências

- dificuldade de concentração nas aulas
- baixo rendimento escolar

- vontade de faltar às aulas
- desinteresse em eventos promovidos pela escola
- sensação de estar sempre sendo ameaçada
- medo de frequentar certas áreas da escola
- desejo de mudar de escola
- desejo de abandonar os estudos
- baixa autoestima
- baixa autoimagem
- baixa autoconfiança
- complexo de inferioridade
- desejo de isolar-se
- choro sem motivo aparente
- dor de cabeça
- dor de estômago
- raiva e irritabilidade
- gasto inexplicável de dinheiro
- machucados inexplicáveis
- roupas e material escolar danificados
- mudança brusca de comportamento
- agorafobia
- depressão
- síndrome do pânico
- transtorno obsessivo compulsivo (TOC)
- insônia e/ou pesadelo

- preocupação excessiva com segurança pessoal
- desenvolvimento de dificuldade para falar ou da gagueira
- preferência pela companhia de adulto
- mau comportamento em casa
- sentimento de culpa por ter problemas ou dificuldades

A vítima de *bullying*, não tem de, necessariamente, apresentar várias das situações aqui citadas. O aparecimento de um ou de outro desses sinais não significa que a pessoa esteja sendo vítima desse tipo de agressão. Todavia, se alguns desses itens aparecerem, educadores e pais devem se preocupar com a investigação para chegar à conclusão de o que está acontecendo.

Além do que foi citado como consequências do *bullying* escolar, a vítima pode sentir desejo de vingança, chegar ao homicídio e até ao suicídio. Vejamos alguns casos reais encontrados em livros e/ou divulgados pela mídia:

"Cidade de Murray, KY – USA – Curtis, a partir do sétimo ano escolar foi intimidado por vários alunos da escola e acabou isolado. Aos 15 anos sofreu um acidente automobilístico e teve de amputar dois dedos e um terço da mão direita, o que serviu de "estímulo" para os *bullies* que passaram a chamá-lo de *pinguim*. Abalado em sua autoestima, confiança e saúde emocional, o rapaz passou a sofrer de depressão e ansiedade, chegando a recorrer a drogas ilícitas, que o matou aos 23 anos de idade. (Curtis Allan Beane é filho de Allan L. Beane, Ph. D., ex-professor, hoje especialista em *bullying*, autor do programa americano Bully Free, autor do livro "Protect your child from bullying" (Proteja seu filho de bullying)".

"Cidade de Remanso, BA – Brasil – Denilton, rapaz introvertido, 17 anos de idade, excluído pelos colegas de escola e humilhado durante anos; dirigiu-se, armado, a sua ex-escola à procura dos seus agressores. Não os encontrando em razão de as aulas estarem suspensas, foi à casa do *bully* líder, chamou-o pelo nome e quando o garoto saiu à porta, Denilton o assassinou com um tiro na cabeça. Em seguida foi à escola à procura de mais agressores e atirou contra quem tentava barrá-lo. Matou a secretária e feriu mais três pessoas. Denilton foi dominado e preso".

"Cidade de Taiúva, SP – Brasil – Edimar, garoto obeso, tímido, 18 anos de idade, vinha sendo importunado na escola por 11 anos. Era chamado de *gordo, mongolóide* e de *elefante-cor-de-rosa*. Lutou para emagrecer e para isso chegou a tomar vinagre, o que lhe rendeu o apelido pejorativo de *vinagrão*. Após concluir o Ensino Médio, Edimar, não suportando mais o sofrimento, foi à ex-escola e durante o recreio feriu uma professora, seis alunos, o zelador e suicidou-se".

"Cidade de Littleton, Colorado – USA – Daylan Klebold e Eric Harris, humilhados e intimidados por dois colegas da Columbine High School, foram à escola armados e assassinaram doze estudantes, uma professora e cometeram suicídio. Essa tragédia ficou mundialmente conhecida, pois além dos noticiários, transformou-se em um filme, documentário, chamado Bowling for Columbine (Tiros em Columbine)".

"Cidade de Patagones, Província de Buenos Aires, ARG – Rafael, menino tímido, 15 anos de idade, era perseguido pelos colegas da escola que sempre o chamavam de *tonto* e diziam que ele não era deste mundo. Era excluído e procurava, também, isolar-se dos demais.Um dia, após a execução do Hino Nacional Argentino, entrou na sala de aula, atirou nas paredes, causando grande tumulto. Em seguida, começou a disparar contra pessoas, matando um menino, três meninas e ferindo mais cinco pessoas. Em estado de choque, Rafael ajoelhou-se e entregou-se à polícia".

"Cidade do Rio de Janeiro, RJ – Brasil – Wellington de Oliveira, rapaz tímido, 23 anos de idade, que estudara, há cerca de 10 anos, na Escola Municipal Tasso da Silveira onde, segundo um ex-colega de escola, era zoado; foi à escola e atirou em vários adolescentes, matando, no ato, 12 e ferindo 18.

O ex-colega de Wellington declarou:
– "Ele tinha aquele jeito *nerd* de se arrumar. Ele usava meião até a canela, tênis kichute, bermuda em cima do umbigo, óculos e pastinha de lado. Era assim que ele andava. E andava curvado, como uma pessoa que vivia só no mundo dele."
– "Ele ria quando era zoado..."
– "... ele odiava quando xingavam a mãe dele..."
– "As garotas zoavam pelo jeito dele se vestir. Diziam que ele era feio, mas ele nunca falou que tinha raiva das garotas."

Segundo declarações da polícia, durante sua ação, Wellington foi alvejado por um policial e, em seguida, suicidou-se.

Wellington deixou uma carta onde, dentre outras coisas, pediu perdão de Deus e que nenhuma pessoa "impura" tocasse em seu corpo.

Espectador – possíveis consequências

O espectador pode agir como se nada sentisse, ficando em silêncio; incentivando as ações com risadas ou de outra forma, ou procurando interferir para por fim nas agressões. As consequências para o espectador neutro, emocionalmente "anestesiado" e para o ativo, que incentiva os *bullies*; podem não ser tão sérias. Para o passivo, que fica em silêncio mas não concorda com as agressões e para o agente que interfere, o *bullying* provoca sensações desagradáveis e desconfortos constantes.

Os tipos de espectadores: passivo, neutro, ativo e agente estão citados no Capítulo II, Tipos de Espectadores, desta obra.

O capítulo seguinte apresentará estratégias para que se possa prevenir e intervir na pandemia *bullying*.

Capítulo VI
Estratégias:
Prevenção e Intervenção

Todos podemos contribuir para a redução e até eliminação do *bullying* em nosso meio escolar.

O primeiro passo deve ser a compreensão do fenômeno, ou seja, sabermos o que, efetivamente, é *bullying*, quais são seus personagens, onde ocorre, suas causas e consequências. Depois do conhecimento que fez parte dos capítulos anteriores deste livro, apresentaremos sugestões para ações que impliquem prevenção e intervenção no fenômeno.

A escola, a família, a comunidade e as autoridades podem e devem formar um megagrupo para prevenir e/ou intervir nesse fenômeno. A prevenção é de fundamental importância, pois, em se evitando o fenômeno, não há necessidade de intervenção para combatê-lo.

As estratégias *antibullying* escolar devem ser trabalhadas pelos pais, em casa, e pelos educadores, na escola, desde as primeiras etapas de estudo da criança, contribuindo, assim, para o desenvolvimento de habilidades que impliquem boa convivência e uma forma de "estar com o outro".

Considerando que o próprio bebê já está muito atento ao mundo que o cerca e que a criança na idade pré-escolar está em desenvolvimento fantástico, eles devem ser envolvidos, o máximo possível, em clima de paz, para que internalize o respeito e a boa convivência.

Neste contexto, que tal substituirmos algumas canções de ninar e músicas que falam de violência, cantadas em casa e na escola, por músicas que falem de paz? Eis algumas sugestões:

Canção 1

"Meu au au" – *melodia de "Boi da cara preta"*

    Meu au au / quero brincar contigo
    Eu te amo muito / você é meu amigo

Canção 2

"Não maltrate o gatinho" – *melodia de "Atirei o pau no gato"*

    Não maltrate o gatinho-nho,
    o gatinho-nho é seu amigo-go
    Eu não maltrato-to, o gatinho-nho,
    o gatinho, o gatinho é meu amigo.Uau!

Canção 3

"O Cravo ama a Rosa" – *melodia de "O Cravo brigou com a Rosa"*

    O Cravo ama a Rosa, por ela ele é amado
    O Cravo pediu pra Rosa, pra ser o seu namorado
    Então eles se casaram e vivem em união
    Felizes serão pra sempre, com amor no coração.
    Palma, palma, palma, pé, pé, pé
    Vivamos com amor, esperança, paz e fé.

Canção 4

"Nana nenê" – *melodia de "Nana nenê" (que a cuca vem pegar).*

    Nana nenê, depois vai acordar
    Mamãe e papai para sempre vão te amar.

Canção 5
"Marcha soldado – melodia de *"Marcha soldado" (cabeça de papel).*

Soldado amigo, que é sempre fiel
Marcha com segurança, marcha para o quartel
No quartel você aprende, uma nova lição
Depois volta pra rua, pra nossa proteção.

A criança tende a se comportar muito mais de acordo com o que vivencia, do que com o que é dito para ela fazer. Criá-la num ambiente hostil, violento, conflituoso, permissivo ou autoritário, é, sem dúvida, bastante nocivo para essa criança. Ao contrário, educá-la em ambiente sadio, respeitoso, ético, e, com comportamentos e ações que realcem a qualidade positiva é prepará-la para a paz. Assim, se uma criança vive...

- ... sob intensa crítica, ela aprende condenar.
- ... sendo ridicularizada, ela fica tímida.
- ... sendo hostilizada, ela aprende brigar.
- ...ouvindo e vendo agressões na família, ela aprende ser violenta.
- ...sendo envergonhada por parentes, ela aprende sentir-se culpada.
- ...num ambiente de tolerância, ela aprende ser paciente.
- ...com aceitação, ela aprende amar.
- ...com aprovações, ela aprende gostar de si mesma.
- ...em ambiente de honestidade, ela aprende ser sincera.
- ...em ambiente onde haja amizade, ela aprende ser amiga.

Como estratégia para trabalhar com crianças da educação infantil, que ainda não escrevem, podemos usar, palavras escritas e também desenhos para que elas possam se expressar, sem se expor ao grupo. Aqui estão algumas sugestões:

- Peça para as crianças completarem os desenhos das "carinhas", tornando-as: "carinhas alegres", "carinhas neutras", ou "carinhas tristes". Dê os círculos das "carinhas" já com os olhos, complete três desenhos explicando como fazer. Escreva e fale os lugares aos quais cada "carinha" se refere. Comunique às crianças que devem completar expressando como se sentem quando estão naqueles lugares. Terminado o exercício, o professor ou alguém da escola faz uma análise e a partir daí, chama individual e confidencialmente uma ou outra criança para dialogar. Assim, poderá saber o que está acontecendo e encontrar vítimas, agressores e espectadores de *bullying*, para, então, iniciar os trabalhos *antibullying*. Eis as "carinhas".

☺ ◯ ☹

◯ sala de aula   ◯ banheiro   ◯ pátio

◯ play ground   ◯ lanchonete   ◯ fila

◯ no transporte   ◯ caminho p/escola   ◯ caminho p/casa

Em se tratando de alunos maiores, que já lêem, antes de qualquer outra atitude, logo no início de cada ano letivo, a direção da escola pode propor a construção coletiva de regras de comportamento *antibullying*. Para isso, deve ser proposto um texto básico para que, em discussão coletiva, possa-se subtrair, acrescentar ou alterar conteúdo, desde que seja decisão grupal, que haja lógica e que tenha como objetivo melhorar o que foi proposto. Segue algumas sugestões para elaboração do documento:

- Não será tolerado o *bullying*, nem assédio de qualquer espécie, na escola, em suas imediações, no transporte escolar ou no caminho do aluno de casa para escola e vice-versa.
- Não será tolerado o ato pichação, envolvendo ou não nomes de pessoas.
- Será aplicada a tolerância zero para qualquer tipo de violência.
- Será denunciada a ocorrência de *bullying*, caso haja.
- Será solicitada a presença de pais e/ou responsáveis por alunos com problemas de mau comportamento.
- Serão aceitos todas as raças, religiões, culturas, sexos, opções sexuais, pessoas especiais, tipos físicos e qualquer outra característica que possa diferenciar o aluno dos outros.
- Serão cultivados a educação e o respeito com todos, mesmo que não sejam nossos amigos.
- Será mantido um comportamento ético e respeitoso, de forma a tornar a escola uma instituição exemplar.
- Estará presente, a honestidade, em tudo que for realizado.
- Serão respeitados e incluído nos grupos, todos os novos alunos.
- Serão respeitados todos os educadores, aqui entendido, todos os que trabalham na escola, independente do cargo que exerça.
- Serão propostas, quando cabíveis, ações conciliatórias, reparativas se necessárias, para conflitos existentes na escola.
- Serão convidados para estarem presentes, representantes de todos os seguimentos da escola, se necessário, em reuniões para tratar de assuntos pertinentes a este regimento.
- Serão aplicadas punições cabíveis aos infratores que, após chamados para conciliação, continuar cometendo infrações.

As regras de comportamento elaboradas devem ser amplamente divulgadas, com assinaturas dos alunos atestando ter conhecimento e com assinaturas, também, dos pais ou responsáveis. Em sendo descumpridas e não havendo conciliação, a punição deve ser aplicada.

Como o *bullying*, com certeza, está presente na quase totalidade das escolas e é possível que esteja em todas, após trabalhar com os alunos a conceituação do fenômeno, seus personagens, onde ocorre, as causas e as consequências; o educador pode aplicar um questionário, que pode ser, por decisão do respondente, nominal ou anônimo, para ter um primeiro panorama geral e/ou ocorrência pontual desse tipo de agressão entre os estudantes do estabelecimento de ensino.

Para possibilitar que os questionários sejam respondidos anonimamente, cabe ao educador, antes de entregá-los, utilizar uma forma secreta para identificação individual, por exemplo, colocando, no verso da folha, o número do aluno que consta na lista de chamada ou um código qualquer criado para esse fim. Nesse caso, quem for aplicar, deve comunicar à classe, que a não identificação é para o público e não para os educadores que terão como identificar e que manterão os nomes no anonimato. Eis algumas sugestões para questionários que podem ser alterados, de acordo com os interesses do grupo que vai aplicá-lo.

Três questionários serão sugeridos, todavia apenas um deve ser respondido. O aluno recebe os três, um em cada folha, lê apenas a primeira pergunta, não escrevendo ainda. Ele fica com aquele cuja resposta para a questão número 1 seja **sim**.

QUESTIONÁRIO 1

1) Você foi ou é agressor(a) (intimidou, ameaçou, agrediu) na escola?

____ sim ____ não

Se você assinalou **sim**, continue respondendo.

2) Assinale se você é: ____ *menino(rapaz)* ____ *menina (moça)*

3) Quantas vezes você praticou o bullying (intimidação, ameaça, agressão) escolar?

__ uma vez __ algumas vezes __ muitas vezes __ todos os dias

4) Onde isso aconteceu? (Você pode assinalar mais de uma alternativa.)

__ ida para a escola __ volta da escola __ no pátio da escola
__ no banheiro da escola __ na sala de aula __ na quadra da escola
__em outro local da escola (Escreva o nome do lugar:_____)

5) Quando você praticou o bullying pela última vez?

__ hoje __ faz 1 semana __ faz 1 mês __ faz mais de 6 meses

6) Como você se sentiu? (Você pode assinalar mais de uma alternativa.)

__ normal __ contente __ triste __ arrependido

7) Qual era a sua idade quando você começou a praticar o bullying escolar?

__ menos de 7 anos __ entre 7 e 10 anos
__ entre 10 e 15 anos __ mais de 15 anos

8) Para você, ser agressor de bullying trouxe consequências:

__ nenhuma __ agradáveis __ desagradáveis __ terríveis

9) O que você acha que a pessoa que você agride sente com relação a você?

___ nada ___ gosta de você ___ não gosta de você ___ sente ódio de você

10) Na sua opinião, de quem é a culpa, quando o bullying continua acontecendo na escola? (Você pode assinalar mais de uma alternativa.)

___ sua (agressor)
___ da vítima (que fica em silêncio, não denuncia)
___ dos pais da vítima (que mesmo sabendo, nada fazem)
___ dos seus pais (que nada fazem para você parar de agredir os outros)
___ das pessoas que trabalham na direção da escola
___ dos professores
___ das demais pessoas que trabalham na escola
___ dos alunos (que mesmo sabendo, nada fazem)
___ do governo
___ outro culpado: Quem? _____

11) Você acha que alguma coisa deve ser feita para reduzir ou acabar com o bullying na escola?

_____ sim _____ não
Se você assinalou **sim**, responda:

12) O que podemos fazer? (para reduzir ou acabar com o bullying escolar)

_____
_____
_____

QUESTIONÁRIO 2

1) Você foi ou está sendo vítima de bullying (intimidação, ameaça, agressão) na escola?

__ sim __ não

Se você assinalou **sim**, continue respondendo.

2) Assinale se você é: __ menino (rapaz) __ menina (moça)

3) Quantas vezes você sofreu bullying (intimidação, ameaça, agressão) na escola?

__ uma vez __ algumas vezes __ muitas vezes __ todos os dias

4) Onde isso aconteceu? (Você pode assinalar mais de uma alternativa.)

__ ida para a escola __ volta da escola __ no pátio da escola
__ no banheiro da escola __ na sala de aula __ na quadra da escola
__ em outro local da escola (Escreva o nome do lugar: _____)

5) Quando você sofreu bullying pela última vez?

__ hoje __ faz 1 semana __ faz 1 mês __ faz mais de 6 meses

6) Como você se sentiu? (Você pode assinalar mais de uma alternativa.)

__ não ligou __ ficou assustado(a) __ ficou com medo
__ sentiu-se mal __ sentiu vontade de mudar de escola

7) Qual era a sua idade, quando começaram a praticar o bullying escolar contra você?

__ menos de 7 anos __ entre 7 e 10 anos
__ entre 10 e 15 anos __ mais de 15 anos

8) *Para você, ser vítima de bullying, trouxe consequências:*

__ nenhuma __ agradáveis __ desagradáveis __ ruins __ péssimas

9) *Que sentimento você tem com relação a quem pratica bullying? (quem = agressor)*

__ não tem sentimento algum __ gosta da pessoa
__ não gosta da pessoa __ odeia a pessoa

10) *Na sua opinião, de quem é a culpa, quando o bullying continua acontecendo na escola? (Você pode assinalar mais de uma alternativa.)*

__ sua (vítima)
__ do agressor (quem pratica o *bullying*)
__ dos pais do agressor (que não tomam providências)
__ dos seus pais (que nada fazem para eliminar o *bullying*)
__ das pessoas que trabalham na direção da escola
__ dos professores
__ das demais pessoas que trabalham na escola
__ dos alunos (que mesmo sabendo, nada fazem)
__ do governo
__ outro culpado: Quem? _____

11) *Você acha que alguma coisa deve ser feita para reduzir ou acabar com o bullying na escola?*

__ sim __ não

Se você assinalou **sim**, responda:

12) *O que podemos fazer? (para reduzir ou acabar com o bullying escolar)*

_____

_____

_____

QUESTIONÁRIO 3

1) Você já presenciou bullying na escola ou nas imediações dela?

__ sim __ não

Se você assinalou **sim**, continue respondendo.

2) Assinale se você é: __ menino (rapaz) __ menina (moça)

3) Quantas vezes você presenciou o bullying escolar (intimidação, agressão, ameaça)?

__ uma vez __ algumas vezes __ muitas vezes __ todos os dias

4) Onde isso aconteceu? (Você pode assinalar mais de uma alternativa.)

__ ida para a escola __ volta da escola __ no pátio da escola
__ no banheiro __ na sala de aula __ na quadra da escola
__ em outro local da escola. (Escreva o nome do lugar: _____)

5) Quando você presenciou o bullying pela última vez?

__ hoje __ faz 1 semana __ faz 1 mês __ faz mais de 6 meses

6) Como você se sentiu?

__ normal __ contente __ triste __ muito triste

7) Na sua opinião, que idade tinha as pessoas envolvidas no bullying?

__ menos de 7 anos __ entre 7 e 10 anos
__ entre 10 e 15 anos __ mais de 15 anos

8) Para você, ser espectador(a) de bullying trouxe consequências:

__ nenhuma __ agradáveis __ desagradáveis __ péssimas

9) Que sentimento você tem com relação a quem pratica bullying? (quem = agressor)

__ não tem sentimento algum __ gosta da pessoa
__ não gosta da pessoa __ odeia a pessoa

10) Na sua opinião, de quem é a culpa, quando o bullying continua acontecendo na escola? (Você pode assinalar mais de uma alternativa)

__ sua (espectador que nada faz)
__ da vítima
__ dos pais da vítima
__ do agressor
__ dos pais do agressor (que não tomam providências)
__ das pessoas que trabalham na direção da escola
__ dos professores
__ das demais pessoas que trabalham na escola
__ dos alunos (que mesmo sabendo, nada fazem)
__ do governo
__ outro culpado: Quem? _____

11) Você acha que alguma coisa deve ser feita para reduzir ou acabar com o bullying na escola?

__ sim __ não

Se você assinalou **sim**, responda:

12) O que podemos fazer? (para reduzir ou acabar com o bullying escolar)

_____
_____
_____
_____

Após ter a pesquisa respondida e fazer a tabulação das respostas, o educador ou a equipe encarregada do assunto, pode entrevistar alguns alunos, cujas respostas evidenciaram problemas de *bullying* ou outro tipo de agressão.

Com o resultado da pesquisa, cabe aos educadores providências para agir a curto prazo ou elaborar um projeto *antibullying* para execução a curto ou médio prazo. Somadas às sugestões encontradas neste livro, outras, além de programa para prevenção e intervenção no fenômeno *bullying*, inclusive o Programa Educar para a Paz, elaborado pela educadora e escritora Cleo Fante; são encontradas na bibliografia citada nesta obra.

Para elaborar e implantar um programa *antibullying* na escola, o ideal seria o envolvimento de vários segmentos da sociedade: autoridades governamentais, entidades não-governamentais, a escola,com todos os seus setores e a família. Escola e família, devem manter vigilância diária para que a criança ou o adolescente não venha ser agente ou vítima de *bullying*.

Como providências para prevenção e intervenção, com o objetivo de reduzir ou erradicar o *bullying* escolar, ações pontuais podem se fazer presentes, com propostas em nível administrativo e em nível pedagógico. Eis algumas sugestões:

• Supervisionar as dependências da escola com câmeras ou pessoas.

• Iluminar bem toda a escola.

• Colocar inspetores atentos no momento da entrada e da saída dos alunos, como também na troca de sala de aula por parte dos professores.

- Reduzir o número de alunos no recreio, realizando vários intervalos.
- Criar recreio dirigido.
- Engajar alunos em práticas esportivas.
- Ajudar na recuperação de possíveis professores agressores ou vítimas.
- Evitar rotatividade de professores, dos demais educadores e de outros trabalhadores da escola.
- Introduzir o assunto *bullying* no regimento escolar ou criar um documento só para esse tema.
- Apresentar para todos: funcionários, alunos, pais; o regimento escolar ou o documento criado para tratar de *bullying*.
- Colocar, nas salas de aula, cartazes com dizeres *antibullying*.
- Formar grupos de trabalho com pais solidários.
- Ter como prática a pontualidade dos professores para entrada e saída das salas de aula.
- Estimular a denúncia segura, pode ser anônima, em caso de *bullying*.
- Comunicar a todos, que estão sendo observados o tempo todo.
- Comunicar a todos as consequências legais do *bullying* para o agressor.
- Oferecer apoio ao agressor para a sua recuperação.
- Envolver, buscando ajuda, a família do agressor no episódio.
- Encaminhar o agressor para as autoridades, se necessário.
- Oferecer apoio e proteção à vítima.

- Envolver, buscando ajuda, a família da vítima no episódio.

- Trabalhar com o tema em reuniões com os pais e com representantes de entidades como igrejas, sociedade amigos do bairro e outras; em festas da escola, na biblioteca, na sala de leitura, em salas de aula; propondo: textos para leitura e discussão, concurso de cartazes e pôsteres, leitura de livros paradidáticos, pesquisa na internet, pesquisa em livros didáticos, realização de "Semana *Antibullying*" com propostas de competição de pôsteres, apresentação de filmes, músicas, dando oportunidade para os alunos comporem e cantarem rap e outras modalidades pelas quais eles tenham interesse. Também pode ser incluída "Semana de Reconciliação", quando uma pessoa mediadora se fará presente para propor reconciliação para aqueles que estão em conflitos e para quem faz parte de ações de *bullying*. Após essa semana especial, a escola deve continuar trabalhando o tema em ações permanentes e...

- ... desenvolver oficinas temáticas.

- ... valorizar a convivência, decisões coletivas, o diálogo entre alunos.

- ... estimular lideranças positivas.

- ... incentivar a solidariedade e a filantropia.

- ...trabalhar, conforme os Parâmetros Curriculares Nacionais, temas transversais como Cidadania, Ética e Pluralidade Cultural.

Ao envolver a família no projeto, os educadores podem proporcionar o embasamento necessário para que os pais participem ativamente da proposta no seio familiar. É fundamental e necessário que, em reuniões, seja desenvolvida a consciência de que podem dar importante contribuição para a implementação de um programa *antibullying*, com participação efetiva de todos, tanto na escola como em casa. Uma diretriz para reflexão e conclusão do quanto eles conhecem, ou não, o filho, pode ser dada. Nesse olhar eles devem estar atentos para saber se o filho...

- ... tem um bom relacionamento com a família.
- ... é obediente.
- ... vai bem na escola.
- ... precisa ser controlado.
- ... é controlador.
- ... respeita as pessoas.
- ... tem boa saúde física.
- ... tem boa saúde emocional.
- ... se aceita.
- ... parece triste, cansado, inquieto.
- ... tem alguns ou pelo menos um bom amigo.
- ... tem boa autoestima.
- ... tem boa autoconfiança.
- ... costuma resolver conflitos com gritos, com agressões.
- ... aparenta estar doente.
- ... procura muito a atenção dos outros.
- ... demonstra sinais de uso de álcool ou de drogas.
- ... passa muito tempo sozinho.
- ... aproveita bem o tempo livre.

- ... entende como seu comportamento afeta outras pessoas.
- ... tem alguma preocupação especial.
- ... tem alguma característica física que ele mesmo não gosta.
- ... tem alguma característica física da qual ele gosta muito.
- ... entende que o seu comportamento pode ser nocivo para ele mesmo.
- ... tem, em especial, uma pessoa de quem ele mais gosta.
- ... ouve, constantemente, algum tipo de música que retrate violência.
- ... fala com constância sobre morte ou suicídio.
- ... tem algo ou alguém favorito. Na relação, pode-se incluir:
  - atividade no tempo livre.
  - estação de rádio
  - atleta
  - ator e/ou atriz
  - cantor ou banda
  - esporte (ver ou praticar)
  - estilo de música
  - filme
  - literatura ou escritor
  - lugar para ir
  - programa de televisão
  - site

Além do que foi sugerido aos pais, com relação às observações e conhecimentos que devem ter a respeito do filho, é muito bom que saibam também que ele...(Pergunte ou peça para ele completar.):

- ... gosta quando as pessoas..
- ... não gosta quando as pessoas..
- ... quando crescer (ficar adulto) quer ser............................
- ... quando crescer (ficar adulto) não quer ser......................
- ... tem como maior esperança..
- ... tem como maior preocupação..
- ... tem como pessoas que mais admira..................................
- ... tem como pessoas que menos admira................................
- ... sente-se feliz quando...
- ... sente-se infeliz quando..

Educadores e pais podem, também, orientar a criança e/ou o adolescente para:

- aceitar orientação religiosa (dada pelos pais).
- ser solidário.
- tratar os outros como gostaria de ser tratado.
- evitar participar de discussão sobre futebol ou religião, principalmente na escola.
- ter em mente que ninguém merece ser vítima de *bullying*.
- não se permitir sentir-se mal emocionalmente devido a agressões verbais.
- falar para os professores e/ou para os pais sobre qualquer agressão que sofra.

- evitar se aproximar de um *bully*, tanto quanto possível.

- evitar tornar-se presa fácil para um agressor (andar firme, cabeça erguida, ombros erguidos, falar olhando nos olhos das pessoas quando estiver conversando com elas, falar com voz firme,demonstrando calma e confiança.)

- procurar fazer amigos e andar, sempre que possível, com um ou dois deles.

- não revidar a possíveis ataques de agressor.

- tentar desmotivar o *bully* usando o bom humor. (Se um agressor chamar você de gordo, você poderá desapontá-lo se, olhar firmemente nos seus olhos e calmamente disser: "É! estou realmente gordo. Preciso frequentar uma academia e malhar bastante" e sair de perto dele, calmamente.)

- juntar-se a adultos, mesmo que não os conheça,como se eles fossem seus parentes ou conhecidos, se você perceber que poderá ser agredido.

- correr, se se sentir em perigo.

Seguindo as orientações aqui propostas ou mesmo parte delas, os pais terão as informações necessárias para avaliar, com grande possibilidade de acerto, como o filho está, e, se entender que ele esteja envolvido com *bullying*, como agente, vítima ou espectador, deve interferir para ajudá-lo e para contribuir para a redução e/ou eliminação desse fenômeno.

Aqui estão algumas sugestões:

Se o seu filho for agressor:

- Diga a ele que você é seu amigo e quer ajudá-lo.
- Pergunte se ele gostaria que alguém fizesse com ele, com um irmão ou uma irmã dele, ou mesmo com os pais, o que ele está fazendo com um colega da escola.
- Ensine-lhe a regra número um da convivência: "Tratar os outros como você gostaria de ser tratado".
- Conscientize-o de que o colega vítima não merece ser maltratado.
- Mostre a possibilidade de ele ser punido pela escola, pela família ou pela própria sociedade.

Se o seu filho for vítima:

- Seja um bom ouvinte para as queixas dele.
- Dê apoio emocional a ele, dizendo que você vai interferir para que o *bullying* pare.
- Mantenha a calma. Não fique zangado nem culpe seu filho por ser vítima.
- Procure ajudá-lo na solução do problema.
- Ensine seu filho como fazer amigos.
- Elogie-o por tratar as outras pessoas como ele gostaria de ser tratado.
- Inicie um programa de vigilância para protegê-lo.
- Se você tiver mais filhos, oriente os irmãos para ajudá-lo a sair da situação.
- Comunique à escola o que está acontecendo e exija providências.

- Solicite à escola a implementação de um programa anti-bullying, se ainda não existir.
- Se necessário, recorra ao Conselho Tutelar e/ou ao Ministério Público.
- Prontifique-se a trabalhar junto com a escola para prevenir e intervir no bullying.

Se o seu filho for espectador:

- Peça que ele lhe conte tudo o que está acontecendo.
- Procure saber como ele se sente ao ver as ações de bullying.

Se ele sentir medo, insegurança, culpa ou qualquer outro desconforto, procure ajudá-lo com orientações dizendo para ele...

- ... não rir quando presenciar agressões, pois isso incentiva os agressores.
- ... contar para um adulto de confiança, quando presenciar situação de bullying.
- ... conversar com colegas que sejam contra as agressões, no sentido de, juntos, tentarem convencer os agressores de que devem parar.
- ... encorajar a vítima para contar para seus pais ou responsáveis.
- ... não permitir que os bullies controlem a forma como ele trata os outros.
- ... procurar trazer a vítima para seu grupo de trabalho escolar e/ou escolhê-la no momento em que houver algum jogo ou disputa em equipe.
- ... fazer denúncia, se necessário, com segurança para ele e para a vítima.

O próximo capítulo será o primeiro da parte B e tratará do assunto *cyberbullying*.

PARTE B

CYBERBULLYING: Agressões a distância

Bons pais ensinam o filho quando erra.
Pais excelentes preparam o filho para não errar.

Capítulo I
Conceituação

Iniciaremos a parte B desta obra, que trata do *cyberbullying*, com uma história adaptada da realidade, escrita com nomes de personagens fictícios.

"O professor Takashi, mestre em educação, nasceu em um sítio perto de uma cidade pequena, para onde mudou-se aos oito anos de idade.

Mesmo morando na cidade, Takashi trabalhou como boia fria até a idade de treze anos, quando deixou de ser cortador de cana e passou a trabalhar como auxiliar de escritório.

Aos dezesseis anos, mudou-se para uma metrópole, onde, com muito esforço, trabalhando durante o dia e estudando à noite, formou-se professor de matemática e, mais tarde, concluiu o mestrado em educação. Batalhou muito até ser contratado por uma universidade como professor de estatística.

O professor Takashi era pontual, correto e bastante sério quando estava lecionando. Embora conhecesse muito a matéria e ministrasse aulas, segundo a coordenação pedagógica, muito boas, ele não era bem aceito pelos alunos da turma de sexta-feira, período noturno, aula presencial, que o considerava muito "durão" e, talvez por isso, começaram a hostilizá-lo, colocando-lhe o apelido pejorativo de *japanão*, que segundo eles, era uma mistura de japonês com anão.

Havia na sala um aluno chamado de Paulão, influente e dominador, que liderava os demais agressores, cerca de trinta por cento dos alunos, no sentido de hostilizar o professor Takashi. Passaram a sair para o intervalo, que era das 20h50 até 21h10, e não voltar no horário que deveriam. Ficavam num barzinho, ao lado da universidade e quando faltavam cerca de quinze a vinte minutos para o término da aula, entravam na sala, todos juntos, ficavam algum tempo, pegavam seus materiais e saíam antes da aula terminar.

Para coibir esse abuso, o professor Takashi passou a usar uma lista de presença que entregava à secretária da faculdade e solicitava que anotasse falta para aqueles alunos, mesmo que tivessem as presenças registradas pela catraca de entrada, através do cartão magnético.

Diante dessa atitude do professor, Paulão propôs aos seus seguidores que intensificassem a perseguição: Em sistema de revezamento, conversavam quase o tempo todo quando estavam na classe, desenhavam, na lousa, uma caricatura do professor antes do início das aulas, entravam atrasados e, como não levavam o curso a sério, entregavam as provas sem resolver qualquer questão, alegando que o professor não sabia ensinar e por isso eles não aprendiam o conteúdo da matéria.

Um dia o professor Takashi perdeu a calma que lhe era característica e interrompeu a aula para falar com a turma. Deu uma verdadeira bronca e os alunos permaneceram em silêncio absoluto o tempo todo. Takashi desabafou, chegando a falar coisas que não deveria. No auge do seu descontrole emocional, o professor xingou e disse vários palavrões. Só Takashi falou, e, no momento, estranhou o silêncio geral, o que o levava a crer que os alunos estavam refletindo e que tudo melhoraria para ele.

Três dias depois, sua imagem e tudo que ele disse estava circulando pela internet e uma divulgação boca a boca levou a notícia ao conhecimento de quase todos os alunos daquela universidade, e, para a reitoria, enviaram, via internet também, a gravação que fora feita por Paulão, usando seu telefone celular.

O professor mestre Takashi foi demitido da universidade."

No caso apresentado, tudo começou com o *bullying* escolar, que dentre outras consequências, teve a reação inesperada e descontrolada da vítima, cuja defesa tornou-se um ataque aos agressores, que gravaram imagem e som e postaram na internet.

Eis uma outra história adaptada da realidade, também escrita com nomes de personagens fictícios.

"Fernanda, dezoito anos de idade, frequentava uma academia onde fazia musculação e aeróbica. Sua melhor amiga, Cristina, também o fazia, nos mesmos dias e horários.

Depois de alguns meses, Fernanda iniciou um namoro com o professor de aeróbica. Aproximaram-se os três, Fernanda, Cristina e o professor, chegando ao ponto até de saírem juntos para baladas e outros passeios.

Passado um ano, Fernanda e o professor brigaram e romperam o namoro. Cristina, amiga de ambos, procurou contribuir para juntá-los novamente, mas não foi possível, pois nenhum deles aceitava voltar.

Alguns meses depois, o professor procurou Cristina, propondo-lhe namoro, o que ela aceitou.

Cristina levou o fato ao conhecimento de Fernanda que sentiu-se traída e declarou terminada a amizade entre ambas. Mas não foi só isso!

Fernanda passou, então, a hostilizar Cristina pela internet e pelo celular, sem identificar-se. Enviou para a comunidade falsos rumores maliciosos e fotos eróticas com montagens onde o rosto de Cristina era adicionado a corpos nus. Para a Cristina, ela enviava torpedos informando sobre o que havia postado na internet.

Cristina levou tudo aquilo ao conhecimento dos seus pais, que, desesperados, procuraram os pais da Fernanda, que ficaram surpresos, decepcionados com a atitude da filha e prometeram tomar providências.

Os pais da agressora conversaram com ela e a convenceram a parar os ataques e desculpar-se junto à ex-amiga. Fernanda concordou e assim o fez. Cristina disse que a desculpava, porém não teria condições emocionais para voltar a amizade.

O namoro envolvendo a Cristina e o professor não deu certo e ela ficou traumatizada, não pelo término do namoro, mas pelo abalo da sua integridade moral, embora as notícias veiculadas pela internet não fossem verdadeiras.

O momento passou, as agressões cessaram, mas a marca negativa, principalmente em nível emocional, pode ter ficado para o resto da vida de Cristina".

Esse caso não partiu de *bullying*. As agressões tiveram início e fim, tendo como veículo ferramentas das novas tecnologias: internet e telefone celular.

Podemos considerar ambos os casos *cyberbullying*?

Sim! O primeiro, caso do professor Takashi, como uma continuação do *bullying* e o segundo, caso da Cristina, como um episódio cujo processo teve início e ocorreu totalmente em nível virtual.

Baseados nesses dois casos, podemos conceituar o *cyberbullying*:

"*Cyberbullying* é...

- ... o *bullying* **eletrônico, a distância, com consequências presenciais.**
- ... **uma extensão do** *bullying*, via internet e/ou telefone celular.
- ... o *bullying* **digital.**
- ... o *bullying* **virtual com danosas consequências reais.**

No próximo capítulo trataremos dos tipos de *cyberbullying* e dos seus personagens.

Capítulo II
Cyberbullying: Tipos/Personagens

CYBERBULLYING

TIPOS DE *CYBERBULLYING*

1 – ESCRITO

- mensagens de textos para:
    - fofocar
    - espalhar mentiras e rumores maliciosos
    - enviar e-mails com difamação
    - postar mensagens ofensivas em nome da vítima
    - dar notícias falsas com nomes de celebridades.

2 – IMAGEM

- postagem de fotos constrangedoras (montagens)
- postagem de vídeos

PERSONAGENS

1 – AGENTE (agressor)

2 – VÍTIMA (paciente)

3 – ESPECTADOR (plateia)

O agente, *cyberbully*, agressor; atua no anonimato e, por isso, sente-se blindado, isto é, mais protegido com relação à reação da vítima, pois sua identidade e sua imagem não são expostas. Valem-se de apelidos (*nicknames*), de nomes de outras pessoas conhecidas ou de celebridades.

TIPOS DE AGENTES

Não há tipos específicos de agentes. Como agridem no anonimato, não há qualificações para classificá-los de um ou de outro tipo.

TIPOS DE VÍTIMAS

1 – **PASSIVA** – Recebe postagens pela internet e/ou mensagens pelo telefone celular (SMS), sabe que outras pessoas também as recebem e nada faz. Sofre em silêncio.

2 – **ATIVA** – Recebe postagens pela internet e/ou mensagens pelo telefone celular (SMS), sabe que outras pessoas também as recebem e manifesta-se, contando, principalmente para os pais.

TIPOS DE ESPECTADORES

1 – **RECEPTOR** – Recebe as postagens, diverte-se ou não com elas e nada faz.

2 – **MULTIPLICADOR** – Recebe as postagens, diverte-se com elas e encaminha para outras pessoas.

O capítulo seguinte tratará dos lugares, instrumentos, onde se dá o processo do *cyberbullying*, cujas mensagens chegam, em altíssima velocidade a dezenas, centenas de espectadores e ao lar da vítima, vinte e quatro horas por dia, sete dias por semana.

Capítulo III

Localização

O fenômeno *cyberbullying* pode, ou não, ter sua origem no *bullying*. Pode ter início em qualquer lugar, como por exemplo na escola e continuar fora dela. Tem como meios a internet e os telefones celulares.

Via internet, os agressores utilizam ferramentas eletrônicas como blog, fotoblog, orkut, MSN, e-mail, sala de bate-papo e; via telefone celular, SMS.

A mensagem pode sair de qualquer local, tendo como origem o computador ou o telefone celular. Em sendo via internet, alcança um número altíssimo de destinatários, em suas casas, em seus trabalhos ou em qualquer lugar onde seja possível o uso de notebook. A vítima pode ter a sua privacidade e a sua casa, o seu computador e o seu telefone celular invadidos em tempo integral.

No próximo capítulo enfocaremos as possíveis causas da existência do *cyberbullying*.

Capítulo IV
Causas

Como podemos considerar o *cyberbullying* uma extensão do *bullying*, as possíveis motivações para a existência das agressões eletrônicas são basicamente as mesmas do *bullying* apresentadas na parte A, capítulo IV desta obra. Todavia, pode-se acrescentar causas como o fim de um namoro ou a tentativa de início de um relacionamento que não se realizou. O anonimato que "blinda" o *cyberbully* também pode ser um grande incentivo para as suas ações.

O próximo capítulo tratará das consequências do *cyberbullying*.

Capítulo V
Consequências

Como as causas, as consequências do *cyberbullying* que pode ser uma ramificação do *bullying*, são praticamente as mesmas citadas na parte A, capítulo V desta obra, para o agressor e para a vítima. O espectador multiplicador pode, como consequência, ser enquadrado, pela lei, como agressor, por ter encaminhado as postagens maldosas que recebeu.

O capítulo seguinte enfocará estratégias para que se possa prevenir e intervir no *cyberbullying*.

Capítulo VI

Estratégias:
Prevenção e Intervenção

Para prevenirmos e intervirmos no *cyberbullying* é fundamental que conheçamos o *bullying*, com conhecimentos gerais e específicos dos tópicos tratados na parte A desta obra, bem como o que foi tratado na parte B, até aqui.

No caso do *cyberbullying*, como o acesso à internet ocorre mais em casa e/ou na LAN house, os pais ou responsáveis são quem tem mais condições para prevenir e/ou intervir nos acontecimentos. Como medidas de prevenção é muito importante que os educadores e, mais ainda, os pais ou responsáveis, orientem a criança ou adolescente para...

- ...usar os recursos tecnológicos de forma responsável e ética;
- ...não revelar, a estranhos, dados pessoais como:
  - seu nome completo, nomes de familiares e/ou de amigos;
  - seu endereço, endereço de familiares e/ou de amigos;
  - seu número de telefone, de telefone de familiares e/ou amigos;
- ...nome ou localização da escola onde estuda;
- ...nome ou localização do seu trabalho, de familiares e/ou de amigos;
- ...não enviar foto para pessoa que não seja conhecida e de confiança;
- ...ter muito cuidado se for realizar algum negócio pela internet;
- ...desconfiar de pessoas que agem sem ética e que promovem intolerância.

Os pais devem ficar atentos em todos os sentidos e procurar saber o que está acontecendo. Eis algumas dicas de sinais de alerta:

Agressor – sinais de alerta

- Faz muitas ligações do celular para o mesmo número.
- Permanece na internet, em salas de bate-papo, várias horas por dia.
- Mantém sigilo sobre o que faz no computador.
- Não permite acesso ao local, quando está acessando a internet.
- Envia imagens por e-mails com símbolos.

Vítima – sinais de alerta

- Recebe muitas ligações no celular, originadas do mesmo número ou com a identificação "restrito".
- Permanece online, em salas de bate-papo, várias horas por dia.
- Mantém sigilo sobre o que faz no computador.
- Não permite acesso ao local, quando está navegando na internet.
- Aparenta estar irritada, perturbada, mais emotiva, quando sai da internet.
- Comenta sobre fotos suas, postadas na internet, sem sua permissão.
- Recebe mensagens por e-mails com símbolos.

Em sendo de interesse da Escola ou de pais saberem se alunos ou filhos estão sendo vítimas, agressores ou plateia de *cyberbullying*, eis três questionários para serem aplicados junto aos mesmos. Todavia, é necessário que os alunos, antes de responderem, conheçam a conceituação, ou seja, saibam o que é *cyberbullying*.

São sugeridos 3 questionários e as regras para aplicação de um ou de outro. Os procedimentos estão explícitos na parte A, capítulo VI desta obra, antes do questionário número 1.

QUESTIONÁRIO 1

1) Você foi ou é cyberbully/agressor pela internet (intimidou, ameaçou, difamou)? __ sim __ não

Se você assinalou sim, continue respondendo.

2) Assinale se você é: __ menino(rapaz) __ menina (moça)

3) Quantas vezes você praticou o cyberbullying (intimidou, ameaçou, difamou)?

__ uma vez __ algumas vezes __ muitas vezes

4) O que você usou? (Você pode assinalar mais de uma alternativa.)

__ a internet __ o telefone celular

5) Quando você praticou o cyberbullying pela última vez?

__ hoje __ faz uma semana __ faz 1 mês __ faz mais de 2 meses

6) Como você se sentiu? (Você pode assinalar mais de uma alternativa.)

__ normal __ contente __ triste __ arrependido

7) Qual era a sua idade quando você começou a praticar o bullying eletrônico?

__ entre 8 e 10 anos __ entre 10 e 15 anos __ mais de 15 anos

8) Para você, ser agressor de cyberbullying trouxe consequências:

__ nenhuma __ agradáveis __ desagradáveis __ péssimas

9) O que você acha que a vítima, se souber quem é, sente com relação ao agressor?

__ nada __ gosta __ não gosta __ odeia

10) Na sua opinião, de quem é a culpa, quando o cyberbullying continua acontecendo? (Você pode assinalar mais de uma alternativa.)

__ sua mesmo (agressor)
__ dos seus pais ou responsáveis, porque não cuidam bem de você.
__ da vítima, porque fica em silêncio
__ dos pais da vítima, porque nada fazem.
__ do provedor da internet, porque não oferece segurança para o usuário.
__ do governo, porque não interfere no caso.
__ outro culpado: Quem? _____

11) Você acha que deve ser feita alguma coisa para reduzir o cyberbullying?

__ sim __ não
Se você assinalou **sim**, responda:

12) O que podemos fazer?

_____
_____
_____

QUESTIONÁRIO 2

1) Você foi ou está sendo vítima de cyberbullying (intimidação, ameaça, difamação)?

__ sim __ não

Se você assinalou **sim**, continue respondendo.

2) Assinale se você é:

__ menino (rapaz) __ menina (moça)

3) Quantas vezes você sofreu o cyberbullying? (intimidação, ameaça, difamação)?

__ uma vez __ algumas vezes __ muitas vezes

4) Como foi enviada a mensagem? (Você pode assinalar mais de uma alternativa.)

__ pela internet __ pelo telefone celular

5) Quando você sofreu o cyberbullying pela última vez?

__ hoje __ faz uma semana __ faz 1 mês __ faz mais de 2 meses

6) Como você se sentiu? (Você pode assinalar mais de uma alternativa.)

__ normal __ ficou chateado(a) __ ficou com medo
__ sentiu-se mal __ sentiu vontade de saber quem foi o agressor

7) Qual era a sua idade quando você começou sofrer esse tipo de agressão?

__ entre 8 e 10 anos __ entre 10 e 15 anos __ mais de 15 anos

8) Para você, ser vítima de cyberbullying trouxe consequências:

__ nenhuma __ agradáveis __ desagradáveis __ péssimas

9) O que você acha que vai sentir, se você souber quem é, com relação a quem pratica o cyberbullying? *(quem = agressor)*

__ nada __ vai gostar __ não vai gostar __ vai odiar

10) Na sua opinião, de quem é a culpa quando o cyberbullying continua acontecendo? *(Você pode assinalar mais de uma alternativa.)*

__ sua mesmo, porque fica em silêncio e não procura ajuda.

__ dos seus pais ou responsáveis, porque não estão atentos com relação a você.

__ do agressor

__ dos pais ou responsáveis pelo agressor, porque não estão atentos a ele.

__ do provedor da internet porque não oferece segurança para o usuário.

__ do governo, porque não interfere no caso.

__ outro culpado: Quem?_____

11) Você acha que deve ser feita alguma coisa para reduzir o cyberbullying?

__ sim __ não

Se você assinalou **sim**, responda:

12) O que podemos fazer?

_____
_____
_____
_____

QUESTIONÁRIO 3

1) Você já recebeu mensagem falando mal de outra pessoa (difamação)?

__ sim __ não
Se você respondeu **sim**, continue respondendo.

2) Assinale se você é: __ menino (rapaz) __ menina (moça)

3) Quantas vezes você recebeu mensagens agredindo outra pessoa?

__ uma vez __ algumas vezes __ muitas vezes

4) Como foi enviada a mensagem? (Você pode assinalar mais de uma alternativa.)

__ pela internet __ pelo telefone celular

5) Quando você recebeu esse tipo de mensagem/postagem pela última vez?

__ hoje __ faz uma semana __ faz 1 mês __ faz mais de 2 meses

6) Como você se sentiu?

__ normal __ contente __ triste __ muito triste

7) Na sua opinião, qual a idade da pessoa que lhe enviou a mensagem?

__ entre 8 e 10 anos __ entre 10 e 15 anos __ mais de 15 anos

8) Para você, receber esse tipo de mensagem/postagem trouxe consequências:

__ nenhuma __ agradáveis __ desagradáveis __ péssimas

9) *O que você acha que a vítima do cyberbullying sente, se ela souber quem é, com relação ao agressor?*

__ nada __ dó __ raiva __ ódio

10) *Na sua opinião, de quem é a culpa quando o cyberbullying continua acontecendo? (Você pode assinalar mais de uma alternativa.)*

__ da vítima, porque nada faz para impedir o que está acontecendo.

__ dos pais ou responsáveis da vítima, porque não cuidam bem dela.

__ do agressor

__ dos pais ou responsáveis pelo agressor, porque não estão atentos a ele.

__ sua mesmo, porque sabe das agressões e nada faz.

__ do provedor da internet, porque não oferece segurança ao usuário.

__ do governo, porque não interfere no caso.

__ outro culpado: Quem? _____

11) *Você acha que deve ser feita alguma coisa para reduzir o cyberbullying?*

__ sim __ não

Se você assinalou **sim**, responda:

12) *O que podemos fazer?*

_____
_____
_____
_____

Após a tabulação e a obtenção do resultado da pesquisa, em havendo *cyberbullying*, devem ser tomadas as providências para a cessação das agressões. Os passos podem ser os seguintes para:

Educadores e pais do agressor:

- Declarar amor a ele e dizer-lhe que vocês estão sofrendo com o comportamento dele.

- Tentar sensibilizá-lo, dizendo-lhe do sofrimento da vítima e dos pais dela, se eles souberem.

- Se ele for menor de idade, deixar claro que os pais são, também, responsáveis por suas atitudes e que poderão, também, ser punidos.

- Se ele for menor de idade, apresentar-lhe o ECA (Estatuto da Criança e do Adolescente), mostrando-lhe os seis tipos de medidas socioeducativas para adolescentes infratores:

  - advertência;
  - obrigação de reparar o dano;
  - prestação de serviço à comunidade;
  - liberdade assistida;
  - semiliberdade;
  - internação (privação real de liberdade, podendo durar até três anos)

- Fazê-lo saber que o anonimato que hoje o protege, pode não fazê-lo amanhã, pois as autoridades poderão identificá-lo por rastreamento.

Educadores e pais da vítima:

Orientá-la para:
- imprimir a página da internet e/ou o e-mail que receber.
- copiar imagens recebidas.
- não responder ao *cyberbully* com agressões.
- ter calma e não agir fora da lei.

Munidos de provas, os pais ou responsáveis devem procurar ajuda no Conselho Tutelar, no Ministério Público ou na Delegacia de Polícia onde pode fazer o registro de um Boletim de Ocorrência e solicitar providências das autoridades.

Conclusão

Esperamos que a leitura desta obra tenha sido de grande valia e que o seu conhecimento possa ser útil para você, seus alunos e sua família. Sugerimos que você não pare por aqui. Há outros livros que tratam do assunto e há, também, material importante na internet, cujos endereços eletrônicos serão citados adiante.

Vocês, educadores, conhecem bem os alunos, enquanto os pais, melhor do que ninguém, conhecem os filhos. Assim sendo, poderão, juntos, desenvolver um trabalho *antibullying/anticyberbullying* com sucesso, prevenindo e intervindo nesses tipos de agressões e restaurando a paz na convivência das crianças e dos adolescentes.

Entendemos que o *bullying* e o *cyberbullying* são problemas de difíceis soluções, porém nem tanto, se houver pessoas interessadas em lutar pela paz e pelo bem-estar de todos. Um trabalho permanente, coletivo, com participação de educadores, de pais, de sociedades amigos de bairros, de entidades religiosas, de ONGs e do poder público; pode reduzir e/ou até erradicar essa pandemia de agressões silenciosas, que prejudica a saúde física e emocional de tanta gente, principalmente do jovem estudante.

Esperamos que os seus alunos e que os seus filhos estejam livres de quaisquer envolvimentos com agressões e que nas vidas deles haja muita paz, muito amor e, consequentemente, muita saúde física e emocional.

Que Deus os abençoe!

Edésio T. Santana

Sugestões de filmes, sites, música e livro paradidático para trabalhar com os alunos

Filmes:

Tiros em Columbine (*Bowling for Columbine*);
Nunca fui beijada (*Never been kissed*);
Bang, bang, você morreu (*Bang, bang, you´re dead*)
Escritores da Liberdade (*Freedom Writers*)

Sites:

Nacionais:
www.bullying.com.br
www.bullying.pro.br/
www.diganaoaobullying.com.br/
www.observatoriodainfancia.com.br
www.abrapia.org.br
www.plan.org.br
www.beatbullying.org
www.safernet.org.br/site
www.bullyingcyberbullying.com.br/

Internacionais:
www.kidscape.org.uk
www.andreaadamstrust.org
www.ncb.org.uk/aba
www.stopbullying.es
www.bullyfree.com

Música:

Terra dos meus sonhos (Compositor e Cantor: Sílvio Brito)

Livros Paradidáticos:

"Mano Cidadão" – respeito sim, *bullying* não! – EDICON (a mesma editora desta obra)

"*BULLYING* não é brincadeira" – EDICON (a mesma editora desta obra)

Bibliografia

BEANE, Allan L. *Proteja seu filho do BULLYING. Impeça que ele maltrate os colegas ou seja maltratado por eles.* Trad. Débora Guimarães Isidoro. Rio de Janeiro: Best Seller, 2010.

BEAUDOIN, Marie-Nathalie; TAYLOR, Maureen. *Bullying e Desrespeito.* Trad. Sandra Regina Netz. Porto Alegre: Artmed 2006.

BOTURA JUNIOR, Wimer. *Filhos Saudáveis.* São Paulo: República Literária.

CALHAU, Lelio Braga. *Bullying. O que você precisa saber. Identificação, prevenção e repressão.* Niterói: Impetus, 2010.

CHALITA, Gabriel. Pedagogia da Amizade. *Bullying: o sofrimento das vítimas e dos agressores.* São Paulo: Gente, 2008.

CONSELHO NACIONAL DE JUSTIÇA. *Bullying.* – Cartilha – Brasília, 2010.

CONSTANTINI, Alessandro. *Bullying: como combatê-lo? Prevenir e enfrentar a violência entre os jovens.* Trad. Eugênio Vinci de Moraes. São Paulo: Itália Nova, 2004.

COSTA-PRADES, Bernardette; BELLER, Roland. Trad. Maria Angela Villela. *Como sobreviver na escola.* Rio de Janeiro, Rocco, 2008.

CURY, Augusto. *Brillant parents Facinating teachers.* Rio de Janeiro: Sextante/GMT, 2003.

ELLIOTT, Michele. STOP BULLYING – *Pocketbook.* Alresford: Teachers´ Pocketbooks, 2007.

FANTE, Cleo. Fenômeno Bullying. *Como prevenir a violência nas escolas e educar para a paz.* Campinas: Verus, 2005.

FANTE, Cleo; PEDRA, José Augusto. *Bullying escolar, perguntas e respostas.* Porto Alegre: Artmed, 2008.

FELIZARDO, Aloma Ribeiro. *CYBERBULLYING, difamação na velocidade da luz*. São Paulo: Willem Books, 2010.

LAVOYER, Rita. *BULLYING não é brincadeira*.São Paulo: Edicon, 2007.

MIDDELTON-MOZ, Jane; ZAWADSKI, Mary Lee. *BULLYING, Estratégias de Sobrevivência para Crianças e Adultos*.Trad. Roberto Cataldo Costa. Porto Alegre: Artmed, 2007.

MOVIMENTO CRIANÇA MAIS SEGURA NA INTERNET. Criança + Segura na Internet. – Cartilha.

OLWEUS, Dan. *Bullying at School. What we know and what we can do. Malden*: Blackwell, 2005.

ORDEM DOS ADVOGADOS DO BRASIL. USO SEGURO DA INTERNET PARA TODA A FAMÍLIA. – Cartilha – São Paulo: 2010.

OTERO, Regina; RENNÓ, Regina. *APELIDO não tem cola*. São Paulo: Editora do Brasil, 2008.

PEREIRA, Sônia Maria de Souza. *Bullying e suas implicações no ambiente escolar*. São Paulo: Paulus, 2009.

RODRÍGUEZ, Nora. *Stop Bullying. Las mejores estrategias para prevenir y frenar el acoso escolar*. Barcelona: RBA,2006.

SAFERNET. SaferDic@s. – *Cartilha* – BRASIL: SaferNet Brasil, 2010.

SANTANA, Edésio T. *MANO CIDADÃO – Respeito sim, Bullying não!* São Paulo: Edicon, 2011. (livro paradidático)

SHARIFF, Shaheen. *Ciberbullying, questões e soluções para a escola, a sala de aula e a família*. Trad. Joice Elias Costa. Porto Alegre: Artmed, 2011.

SILVA, Ana Beatriz Barbosa. *Mentes perigosas nas ESCOLAS, bullying*. Rio de Janeiro: Objetiva, 2009.